Planète Terre

ANIMAUX D'AFRIQUE

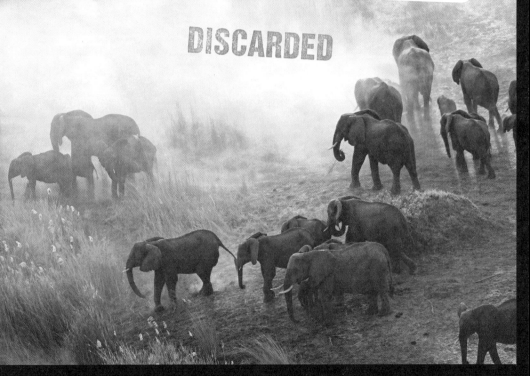

Lisa L. Ryan-Herndon

Texte français d'Isabelle Allard

Éditions **SCHOLASTIC**

Crédits photographiques (h = haut; b = bas)

Page couverture : Birute Vijeikiene/Shutterstock

Quatrième de couverture : Jeremy Woodhouse/Digital Vision/Getty Images

Page de titre : BBC Planet Earth/Ben Osborne; pages 2-3 : Anup Shah/Animals Animals; pages 4-5 : (carte) Friedrich Saurer/Photo Researchers Inc.; page 4 : (h) BBC Planet Earth; (b) Jeremy Woodhouse/ Digital Vision/Getty Images; page 5 : (h) Robert Harding/Digital Vision/Getty Images; (b) Birute Vijeikiene/Shutterstock; pages 6-7 : Robert Harding/Digital Vision/Getty Images; pages 8-9 : (arrière-plan) Jan Martin Will/Shutterstock; page 9 : (médaillon) HARVE/ABPL/Animals Animals; pages 10-11 : (arrière-plan) HARVE/ABPL/Animals Animals; page 10 : (médaillon) Patricio Robles Gil/Minden Pictures; page 11 : (médaillon) Michaela Walch/Imagebroker/FLPA; pages 12-13 : (arrière-plan) Birute Vijeikiene/ Shutterstock; pages 14-15 : (arrière-plan) Graeme Purdy/iStockphoto; page 15 : (médaillon) M. Lane/ Peter Arnold Inc.; pages 16-17 : (arrière-plan) Anup Shah/Nature Picture Library; page 16 : (médaillon) Dark O/Shutterstock; page 17 : (médaillon) Brehm H./Peter Arnold Inc.; pages 18-19 : (arrière-plan) BBC Planet Earth; pages 20-21 : Hashim Pudiyapura/Shutterstock; pages 22-23 : (arrière-plan) SouWest Photography/Shutterstock; page 22 : (médaillon) gracieuseté d'Eve Astrid Andersson/www. eveandersson.com; page 23 : (médaillon) Johan Swanepoel/Shutterstock; pages 24-25 : (arrière-plan) Pichugin Dmitry/Shutterstock; page 24 : (médaillon) Jeremy Woodhouse/Digital Vision/Getty Images; page 25 : (médaillon) Xtreme safari Inc./Shutterstock; pages 26-27 : Jeremy Woodhouse/Digital Vision/ Getty Images; pages 28-29 : Frans Lanting/National Geographic Image Collection; pages 30-31 : (arrière-plan) BBC Planet Earth/Ben Osborne; page 31 : (médaillon) BBC Planet Earth; page 32 : BBC Planet Earth/Ben Osborne.

Catalogage avant publication de Bibliothèque et Archives Canada

Ryan-Herndon, Lisa L
Animaux d'Afrique / Lisa L. Ryan-Herndon ;
texte français d'Isabelle Allard.

(Planète Terre)
Traduction de: Animals of Africa.
Public cible: Pour les 4-8 ans.

ISBN 978-0-545-98117-0

1. Animaux--Afrique--Ouvrages pour la jeunesse.
I. Allard, Isabelle II. Titre. III. Collection: Planète Terre (Toronto, Ont.)

QL336.R9314 2009   j591.96   C2009-901143-3

Édition publiée par les Éditions Scholastic, 604, rue King Ouest, Toronto (Ontario) M5V 1E1

5 4 3 2 1   Imprimé au Canada   09 10 11 12 13

Conception graphique de la page couverture : Michael Massen
Conception graphique de l'intérieur : Michael Massen et Aruna Goldstein

Imprimé sur du papier contenant au minimum 30 % de fibres recyclées après consommation.

Ce livre présente le grand continent africain
et les différents habitats des animaux
qui y vivent.

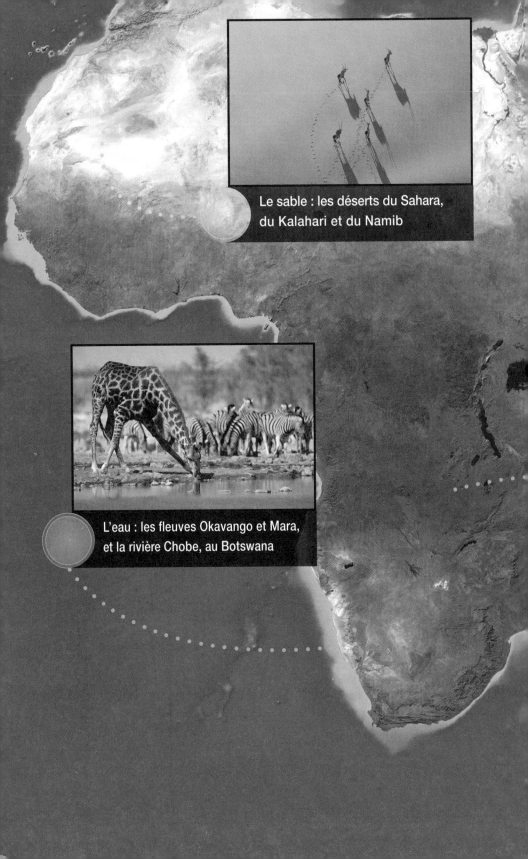

Le sable : les déserts du Sahara,
du Kalahari et du Namib

L'eau : les fleuves Okavango et Mara,
et la rivière Chobe, au Botswana

Les rochers : les hauts plateaux d'Éthiopie

L'herbe : les plaines de l'Afrique de l'Est

L'Afrique est une terre de contrastes. Des montagnes percent les nuages. Des kilomètres de plaines herbeuses s'étendent de l'autre côté de dunes sableuses. La pluie crée un fleuve au milieu du désert. En Afrique, on trouve de la vie partout.

Les rochers : les hauts plateaux d'Éthiopie

Il y a des millions d'années, un volcan a fait éruption et a formé un énorme massif d'une largeur de 1 000 kilomètres. Cette chaîne de montagnes, connue sous le nom de hauts plateaux ou hautes terres d'Éthiopie, est aussi appelée le « toit de l'Afrique ». Durant

Un prédateur est un animal qui chasse et mange d'autres animaux.

la saison des pluies, de l'herbe et d'autres plantes y poussent, nourrissant les rares animaux qui vivent parmi les rochers. Ces mangeurs de plantes, les herbivores, nourrissent à leur tour d'autres animaux mangeurs de viande, les carnivores.

Le loup d'Abyssinie est un carnivore qui vit en couple ou en petits groupes. Chaque matin, les membres de la meute se rassemblent pour une cérémonie de salutations bruyantes, avant de partir chasser de petits mammifères. Le long museau étroit du loup d'Abyssinie est

idéal pour renifler les rats cachés dans les terriers. On ne trouve cette espèce qu'en Éthiopie. Toutefois, ce chasseur est menacé d'extinction, car il n'en reste que 500 dans la nature.

LE LOUP D'ABYSSINIE

LE BABOUIN GELADA

Les grimpeurs de montagne ont besoin de mains et de pieds puissants. Les babouins geladas sont les primates aux doigts les plus forts. Ils mâchonnent de l'herbe, réunis en groupes pouvant compter jusqu'à 800 individus. Il s'agit du groupe de primates le plus important de la planète. La nuit, ils dorment ensemble sur des escarpements rocheux pour échapper aux prédateurs. Le chacma, un proche parent du babouin gelada, vit près du fleuve Okavango.

Une proie est un animal qui se fait manger par un prédateur.

Le babouin gelada et le bouquetin d'Abyssinie sont deux espèces rares de singe et de chèvre qui broutent en bons compagnons dans les prés des hautes terres, et s'avertissent à l'approche d'un prédateur. Les sabots caoutchouteux et creux du bouquetin agissent comme des ventouses pour lui permettre de bondir d'un rocher à l'autre. Environ 650 bouquetins d'Abyssinie vivent dans le parc national du Simien, en Éthiopie.

LE BOUQUETIN D'ABYSSINIE

Une communauté se forme lorsqu'un groupe partage les ressources d'un lieu (nourriture, eau, abri). La même chose se produit pour les plantes et les animaux. Cette communauté s'appelle alors un écosystème. L'herbe est à la base de l'écosystème de la savane.

Une savane est une prairie vallonnée parsemée d'arbrisseaux et de quelques arbres.

Environ 10 000 espèces d'herbes couvrent plus de 25 % de la planète. La grande savane africaine occupe un tiers du continent, procurant de la nourriture aux centaines d'espèces d'herbivores qui la parcourent, suivis de près par les carnivores en quête de leur prochain repas.

La savane connaît deux saisons : la saison sèche et la saison des pluies. L'herbe pousse à différents endroits selon les saisons, et les animaux doivent sans cesse se déplacer pour se nourrir. Les mangeurs d'herbe et de viande suivent la source de nourriture, parcourant des kilomètres jusqu'à ce qu'ils en trouvent une nouvelle. C'est ce qu'on appelle la migration.

Le quéléa ou travailleur à bec rouge est un petit oiseau qui a une grande influence sur son habitat. Les quéléas se rassemblent en volées pouvant contenir des milliers d'oiseaux. À l'aube, ils partent à la recherche de graines. À la tombée du jour, les fermiers peuvent se retrouver sans récolte. Mais dans la savane, il reste toujours assez d'herbe pour le troupeau de 1,5 million de gnous qui arrivent à leur suite.

LE QUÉLÉA
À BEC ROUGE

LE GNOU

Le gnou joue un rôle important dans l'écosystème. Au mois de mai, les troupeaux de gnous amorcent leur migration, qui commence et se termine dans la plaine de Serengeti, en Tanzanie. Chaque animal parcourt jusqu'à 3 200 kilomètres chaque année. Ses sabots propagent les graines et fertilisent le sol pendant la migration, ce qui permet de nourrir les insectes et les oiseaux.

Un charognard est un animal qui consomme les « restes » des autres animaux.

La plupart des carnivores attendent que les troupeaux s'aventurent sur leur territoire. La hyène tachetée laisse ses petits derrière elle, parfois même durant quatre jours, afin de suivre la trace des troupeaux sur une distance pouvant atteindre 65 kilomètres! Les hyènes peuvent digérer les parties les plus dures d'un animal, et ne laissent donc presque rien aux charognards.

LA HYÈNE TACHETÉE

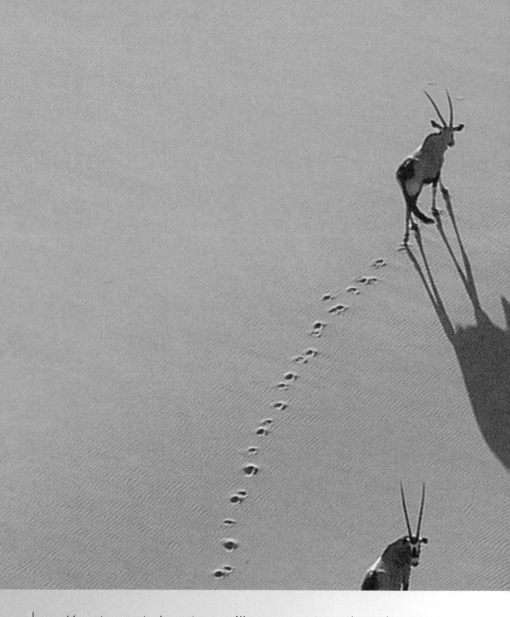

Les déserts sont si vastes qu'ils couvrent un tiers de notre
planète. On peut même les voir de l'espace. Le plus grand désert
du monde, le Sahara, se trouve en Afrique. On y trouve également
le désert du Namib, où les dunes s'élèvent jusqu'à 300 mètres,

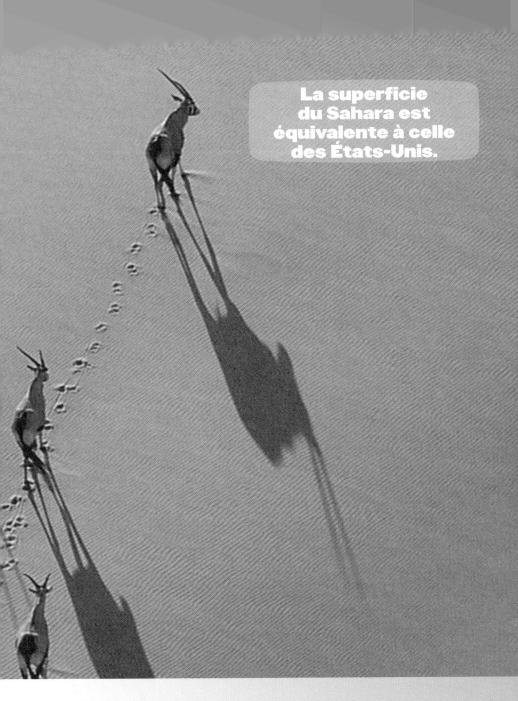

La superficie du Sahara est équivalente à celle des États-Unis.

et le désert du Kalahari, qui est traversé par un fleuve. Comme les températures peuvent atteindre 40 à 50 °C et qu'il ne pleut presque pas, le climat est aride. Les animaux doivent s'adapter pour survivre dans ce milieu difficile.

Dans le Sahara, une tempête de sable peut soulever des murs de poussière de 1,5 kilomètre de hauteur. Chaque année, les tempêtes de ce seul désert répandent environ 300 millions de tonnes de poussière sur la planète. Comment les animaux survivent-ils au vent et à la chaleur avec si peu d'eau? Certains s'enfouissent dans le sable. D'autres ferment les yeux... et les narines.

Le dromadaire emmagasine de la graisse, et non de l'eau, dans son unique bosse. Il peut survivre des jours sans eau. Une fois qu'il trouve de l'eau, il peut en avaler jusqu'à 110 litres en quelques minutes, un exploit qui serait fatal à d'autres animaux. Les dromadaires ont les oreilles et les narines poilues, et deux rangées de cils longs et recourbés. Durant une tempête de sable, ils ferment les narines et les yeux.

LE DROMADAIRE

LE LÉZARD PLAT D'AUGRABIES

Dans le désert, l'eau est une question de vie ou de mort. Le fleuve Orange traverse le désert du Kalahari. Les mouches noires le longent en bourdonnant... et finissent dans la gueule du lézard plat d'Augrabies. Ce lézard sauteur peut attraper jusqu'à 17 mouches par minute. À la tombée de la nuit, ce reptile à sang froid se glisse entre les roches, où il fait toujours chaud.

L'oryx gazelle, ou gemsbok, se déplace dans le désert du Namib en troupeaux de 10 à 30 individus. Lorsqu'un prédateur approche, les oryx encerclent leurs petits en pointant leurs cornes vers l'avant. Leur appareil circulatoire particulier garde leur cerveau au frais, bien que leur corps puisse atteindre une température de 46 °C. L'oryx peut même cesser de transpirer pour conserver l'eau.

L'ORYX
D'AFRIQUE DU SUD

LE LION DE NAMIBIE

Les lionnes mènent la troupe lors de la chasse. Cet animal s'est adapté à son habitat désertique en tirant de sa proie, l'oryx, la majeure partie de l'humidité dont il a besoin. Les lions du désert peuvent survivre deux ou trois semaines sans boire d'eau.

Les éléphants du désert n'ont besoin de boire de l'eau qu'une fois tous les cinq jours.

Le Namib, formé il y a 55 millions d'années, est le plus vieux désert du monde. Il est très aride. Seules de très rares plantes y poussent. Comment le plus gros herbivore d'Afrique peut-il y survivre? L'éléphant de Namibie creuse profondément le sol pour trouver des racines. Son corps conserve l'eau, et ses grandes oreilles remplies de vaisseaux sanguins dispersent la chaleur pendant qu'il cherche un point d'eau.

L'ÉLÉPHANT DE NAMIBIE

Durant la saison sèche, en octobre, les troupeaux parcourent des kilomètres pour trouver des cours d'eau. Un point d'eau est un lieu où tous les membres du groupe peuvent se reposer, boire et manger. En Afrique, l'eau est une question de vie... et de mort.

Seulement 3 % de l'eau de notre planète est de l'eau douce.

Trois des plus grands lacs d'eau douce de la planète se trouvent en Afrique : les lacs Malawi, Tanganyika et Victoria. Le continent compte également de nombreux cours d'eau, dont le plus long fleuve du monde, le Nil.

Le crocodile du Nil peut peser plus de 1 000 kilos.

Au cours de leur migration, les gnous traversent le fleuve Mara, au Kenya et en Tanzanie. Beaucoup trouvent la mort dans la gueule des crocodiles appelés « crocodiles du Nil ». Tapis au bord du fleuve, ces reptiles de 5 mètres de long savent qu'à la même

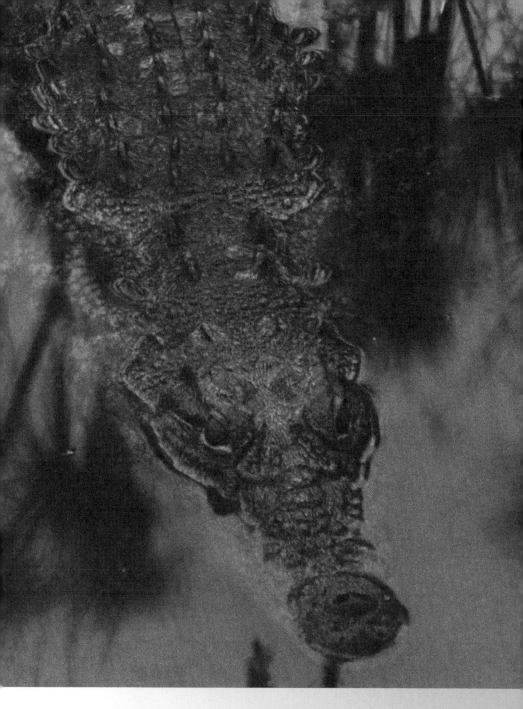

période chaque année, leur repas vient à eux. Un crocodile
peut mettre jusqu'à une heure pour noyer un puissant gnou.

LE CROCODILE
DU NIL

Un delta est un endroit en forme de triangle à l'embouchure d'un fleuve.

L'Okavango, le quatrième parmi les plus grands fleuves d'Afrique, traverse le désert du Kalahari au Botswana. Quand l'eau se fait rare, les animaux se dirigent vers le delta de l'Okavango. À cet endroit, on trouve de la vie et de l'humidité même au plus fort de la saison sèche.

Les chacmas sont des charognards qui consomment également des fruits, des insectes et des graines. Ce sont les plus grands et les plus lourds des babouins. La marche debout leur est difficile mais indispensable pour traverser le delta inondé. Aucun membre du groupe, jeune ou vieux, n'est abandonné.

L'Afrique comporte nombre d'habitats et d'animaux différents. Certains sont menacés d'extinction. Les producteurs de Planète Terre ont filmé la vie sauvage de la planète pour nous la faire connaître. Tu peux explorer davantage notre planète en allant visiter avec tes parents ou tes enseignants un parc naturel, un musée ou une bibliothèque.

Tu peux aussi aider à sauvegarder la planète :

- **Ferme la porte du frigo!** Décide ce que tu veux manger avant d'ouvrir la porte du réfrigérateur ou du congélateur, de façon à ne pas laisser échapper l'air froid.
- **Débranche!** Débranche les chargeurs quand tu ne t'en sers pas. Ils consomment de l'énergie même quand ils ne chargent aucun appareil. Ainsi, tu économises l'énergie.
- **Sur la corde à linge!** La prochaine fois que tu aideras tes parents à faire la lessive, suggère-leur d'étendre les vêtements sur une bonne vieille corde à linge au lieu d'utiliser une sécheuse qui consomme beaucoup d'énergie.

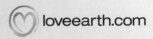 loveearth.com